LE JOURNAL

ET

LE JOURNALISTE

Physionomies Parisiennes

LE JOURNAL

ET

LE JOURNALISTE

PAR

EDMOND TEXIER

DESSINS PAR BERTALL

PARIS

A. LE CHEVALIER, ÉDITEUR

RUE RICHELIEU, 61

1868

SOMMAIRE

Le Rédacteur en chef. — M. Peyrat en
garni. — M. Nefftzer. — M. Clément
Duvernois. — Encore Bertin l'ancien.
— Le Petit lever. — Tapons sur la
Prusse. — Le sort du monde est réglé.
— Faites avancer ma voiture.

Le Tartinier. — Deux temps & trois
mouvements. — L'Intelligence dans les
doigts. — Tropes défraîchis. — Les
Chenilles de la Réthorique. — Le Ministre des Affaires étrangères. — Tchèques & Druses. — Bulletin & Bulletinier. — Le Secrétaire de la Rédaction.—
Guizot. — David &' Rouher. — Boniface.
— Si je n'étais Véron. — Hercule de
plume. — L'*Engueuleur*. — Fourbe &
Goujat. — Le Mortel riche.

Le feuilleton. — Rez-de-chaussée. —
L'Histoire du Consulat & de l'Empire
en feuilletons. — Les Tranches de saucisson. — Tambourinez-le. — Un
Homme heureux. — Naïveté d'un
homme d'État. ·

Le Lundiste. — Janin, Gautier. — Paul

LE JOURNAL

ET LE JOURNALISTE

———

A un Jeune Homme.

Vous me demandez des conseils, jeune homme : ne craignez rien, ils ne vous manqueront pas. De toutes les monnaies, c'est celle dont on est le moins avare.

Quand j'étais étudiant, j'avais un correspondant que j'allais voir de temps en temps avec l'idée vague de solliciter une légère avance sur

la petite somme qu'il était chargé
de me remettre à la fin de chaque
mois. « Mon cher garçon, me disait-
il du plus loin qu'il m'apercevait, si
tu viens pour me demander des
conseils, ne te gêne pas. » Homme
généreux, c'est lui qui, le premier,
m'a fait apprécier la valeur intrin-
sèque du conseil donné & du conseil
reçu.

Ceci dit pour que vous ne doutiez
pas du sérieux que j'apporte
dans mon nouveau rôle de con-
seiller, j'entre tout de suite en ma-
tière.

Vous avez, me dites-vous, la
grande vocation des lettres, & pour
me démontrer combien elle est irrésistible, vous ajoutez que, après un

stage dans une position lucrative
vous n'avez pu, — dominé que vous
êtes par l'idéal de l'écritoire, — vous
résigner à passer définitivement sous
la porte basse de l'industrie. —
Porte basse! une porte qui s'ouvre
à deux battants sur le grand chemin
de la considération & de la fortune.
Ah! jeune homme, cette porte basse
est une très-grande porte. Elle est
l'arc de triomphe du XIXe siècle.

Puisque je suis autorisé à vous
parler sans fard, je vous ferai d'ailleurs observer que la raison alléguée
comme preuve à l'appui de votre
vocation irrésistible est médiocre.

L'antipathie pour une profession
n'implique pas l'aptitude à une
autre. On peut être réfractaire au

négoce de la mercerie & peu propre
au commerce de la ligne imprimée.
Cela s'est vu. Il ne suffit pas en un
mot d'avoir passé, — sans y séjour-
ner, — par la principauté des
affaires ou de l'industrie, pour avoir
d'emblée droit de cité dans la répu-
blique des lettres.

Permettez-moi donc de ne croire
qu'après informations aux républi-
cains du lendemain.

Cependant comme une hypothèse
ne coûte pas plus qu'un conseil, je
n'hésite pas à admettre que vous avez
toutes les qualités requises. Vous
brûlez du feu sacré, c'est convenu;
il ne vous reste plus qu'à aller
grossir les rangs du bataillon sacré
& à emboîter le pas. Entrez &

prenez place, — s'il reste une place.

Les rangs sont serrés ; quels que soient le talent & la bonne volonté, on ne trouve pas facilement sa case en ce temps où l'on se bouscule sur tous les chemins. L'avenue du journalisme est surtout encombrée.

Il y aurait un curieux chapitre à écrire sur ce sujet : *Comment on devient journaliste.*

On devient Journaliste parce qu'on a manqué sa thèse, parce que M. le baron Haussmann a pris un arrêté qui défend à ses employés d'écrire dans les journaux, parce que l'on est une épave du professorat ou de la magistrature, parce que l'on est un homme d'État en retraite, parce que l'on a aimé Mlle Z.

Le journalisme est malheureuse-
ment le refuge de bien des écloppés.
Sous le gouvernement parlemen-
taire, le journalisme était l'avant-
poste du pouvoir, le fortin d'où l'on
canonnait le ministère, pour faire
une brèche & monter à l'assaut du
portefeuille. Aujourd'hui le fort est
démantelé & il n'y reste plus qu'une
garnison d'invalides. Mais passons,
j'admets que vous êtes dans la place.

Maintenant que vous n'êtes plus
un profane, je dois vous avertir que,
si vous avez la vocation d'écrire, le
public, lui, a perdu l'habitude de
lire; il l'a perdue par suite de ses
préoccupations d'affaires & de plaisirs. La vie est courte & le choléra
démontre suffisamment que nous

sommes tous mortels. Donc plus de livres; le livre, dans la vie affairée d'aujourd'hui, c'est le soulier dans la soupe de l'Auvergnat.

Que reste-il ?

Le journal.

LE JOURNAL

E journal a été une force, une puissance; on l'appelait le quatrième pouvoir de l'État. Il ne sera bientôt plus qu'un poteau d'annonces.

Il y a trente ans, pour quiconque avait vu fonctionner de près cette intelligente machine, le journal était l'œuvre par excellence.

Il lui fallait, à cette bête féroce dont l'appétit augmente en proportion de la pâture qu'on lui jette, des travailleurs rompus aux fatigues, des esprits prompts, clairvoyants, laborieux, soldats toujours sur la brèche, des hommes qui donnaient leur vie & leur sang à cette tâche sans fin, mythologiquement figurée par le tonneau des Danaïdes.

Une fois lancée, la locomotive allait à toute vapeur, jetant au vent la fumée de ses inspirations, de son enthousiasme, de ses colères.

Les temps sont changés.

Sous la Restauration — cette belle époque de la presse — le journal était un drapeau & le journaliste un soldat, le soldat d'une idée.

En 1828, *le Globe,* qui n'avait que dix-huit cents souscripteurs, exerçait une influence plus considérable que tel journal d'aujourd'hui qui a cinquante mille abonnés.

Malherbe vint, je veux dire M. de Girardin, & il entreprit l'œuvre de ce qu'il nomma la jeune presse.

Il avait calculé combien la page d'annonces devait rapporter au bout de l'année quand le journal aurait atteint un certain chiffre d'abonnements. Ce jour-là, la presse mercantile fut fondée, le journal d'actionnaires, la propriété qui rapporte des dividendes & le drapeau de l'idée fit place au poteau d'affichage.

L'actionnaire a tué le journal politique. En voulez-vous une preuve? Le lendemain du 2 décembre,

la rédaction d'un journal que je
ne nomme pas était disposée à ne
pas tenir compte des ordres expé-
diés du ministère de l'intérieur &
à protester contre le coup d'État.
— Il s'agissait d'affirmer le droit
en face de la force triomphante,
au risque de sauter en l'air comme
le Vengeur. L'actionnaire accourt
effaré, suivi du commissaire de
police qui met les scellés sur les
presses.

La caisse était sauvée.

Aujourd'hui, les journaux politiques se divisent en deux nuances
—ceux qui ont un traité d'annonces,
qui varie entre trois & cinq cent
mille francs par an, & ceux qui
aspirent à avoir ce traité. Les pre-

miers vivent bien, les seconds vivo-
tent, & le plus souvent ils meurent
d'anémie.

Mais il existe d'autres journaux.
Ceux-là on peut les lire sans fa-
tigue, comme on regarde un ballet;
pas de politique, d'économie so-
ciale, pas de discussion. Aucun sujet
de grande ou de moyenne importance ne peut se glisser dans ces
feuilles légères.

Là M. de Bismark est avantageu-
sement remplacé par Mlle *** & la
vente du dernier mobilier de l'une
ou de l'autre de ces dames y occupe
toute la place de la question ro-
maine.

Cela n'exige aucune tension d'esprit, cela ne provoque aucune ré-

flexion, cela pourrait se lire les yeux fermés.

Une littérature facile à digérer, même en voyage.

De ces journaux, il en paraît trois ou quatre à chaque coucher de soleil. Cela coûte un sou... mais c'est cher, & le moment n'est pas éloigné où, par le progrès qui court, ça ne coûtera rien.

Il y a quelques années, un industriel très-connu donnait une pendule à chaque abonné d'une feuille qu'il venait de fonder.

Il s'agirait tout simplement de retourner la combinaison de cet homme de génie, & de donner un journal à ceux qui achèteraient une pendule.

Cette combinaison universalisée produirait des résultats superbes. Il suffirait de s'entendre avec le fruitier, le boulanger, le boucher, le charcutier, le charbonnier, qui distribueraient la denrée intellectuelle par-dessus le marché.

Livrer à la publicité une idée aussi féconde, au lieu de l'exploiter à son profit, c'est faire le sacrifice volontaire de deux ou trois millions —au bas mot. — Dieu merci! Je ne suis pas de ces gens qui y regardent de si près.

Encore un peu de temps, & nous aurons le comptoir Bonnard de la pensée!

Un journal riche ou pauvre est toujours installé dans une affreuse maison aux murs sales, aux escaliers malpropres & dont la cour d'entrée — quand il y a une cour — semble le vestibule d'un magasin de charbonnier.

La maison, fût-elle neuve au moment où le journal s'y installe, aura l'air vieux de cent ans au bout de six mois.

C'est que chaque journal a son imprimerie, & rien ne vaut une imprimerie pour faire d'une maison blanche, une maison noire.

La maison est divisée en deux parties — d'un côté l'administration, la rédaction de l'autre.

L'administration de certains journaux est un petit ministère — quarante employés depuis le caissier

jusqu'aux garçons de bureau. — Je
ne parle ni des plieuses, ni des por-
teurs, ni des compositeurs.

La rédaction se compose de cinq
ou six salles: — le cabinet où se
tiennent les garçons de bureau, —
la salle d'attente, — le cabinet du
rédacteur en chef, — deux ou trois
cabinets pour les rédacteurs, — & la
salle de rédaction, la seule où l'on
ne rédige pas.

Quelques journaux ont une salle
dite bibliothèque. Je n'y ai jamais
vu de livres, & je défie qui que ce
soit d'en avoir aperçu un seul; mais
il y a un bibliothécaire.

On assure qu'il est très-difficile,
qu'il est même impossible d'arriver
jusqu'à l'Empereur quand on n'est

pas muni d'une lettre d'audience.

Je soutiens qu'il est encore plus impossible, si l'on n'a pas le mot de passe, de pénétrer dans le bureau de rédaction d'un journal.

Chaque jour, à toute heure, un garçon vient dire à tel ou tel rédacteur :

« Une personne est là qui vous demande. » Et chaque jour, à toute heure, le rédacteur répond au garçon de bureau : « Dites que je n'y suis pas. »

Si le garçon de bureau revient pour avertir que l'affaire est pressée & d'une haute importance : « Dites que je suis à la campagne & que je reviendrai dans six mois. »

Si la porte n'était pas hermétiquement close; on serait accablé par les importuns.

Celui-ci est un pauvre diable qui a besoin de vingt francs pour aller en Amérique. — Celui-là vient de trouver la quadrature du cercle, celui-là a découvert le moyen de faire du pain avec du plâtre & de la brioche avec de la sciure de bois; cet autre a eu des malheurs domestiques, & il sollicite l'insertion d'une lettre de malédictions contre le beau sexe.

Je n'en finirais pas s'il me fallait faire l'énumération de toutes les gens qui, pour un oui ou pour un non, vont frapper à la porte du journal & s'étonnent qu'elle ne soit pas toute grande ouverte.

J'ai vu, dans l'espace de deux ou trois mois, une quarantaine d'individus défiler l'un après l'autre dans le bureau du même journal, avec une mécanique destinée à réfréner la vitesse d'un train de chemin de fer.

J'ai vu passer trois ou quatre cents compteurs également mécaniques. — J'ai vu mieux que cela : un poisson volant triomphalement apporté pour être soumis à l'examen de gens qui n'entendaient rien à l'aérostation.

Je ne parle pas de la foule des petits inventeurs, parmi lesquels je me rappelle un certain fabricant de ratières perfectionnées, tous avides de publicité & stupéfaits quand on

ne suspendait pas le tirage du nu-
méro sous presse, pour annoncer au
monde & à la banlieue que M. X.
venait de découvrir le mouvement
perpétuel, ou M. Z. une nouvelle
poudre insecticide.

Il y a encore d'autres importuns.

Le jeune homme naïf qui a pondu
un article & qui voudrait le voir
éclore dès le lendemain matin.

La femme de lettres lestée d'une
nouvelle ou d'un roman. Celle-ci
est tenace, elle s'installe dans l'antichambre avec l'intention bien
arrêtée de mettre son roman sur la
gorge du premier rédacteur qui
entrera ou sortira.

Le poëte fossile, avec un poëme
épique en vingt-quatre chants sous

le bras. Quand on a bien discuté avec lui, quand on lui a prouvé par toutes sortes de bonnes raisons qu'un journal ne peut insérer un poëme de douze mille vers, il répond tranquillement : « Eh bien ! prenez-le pour rien, je n'exige aucune rétribution. »

Il faut appeler le garçon à la rescousse pour le mettre dehors.

L'homme d'affaires équivoque qui vient offrir cinq cents francs si l'on veut glorifier dans un article littéraire, & sans que cela exhale un parfum de réclame, les dents osanores d'un banquiste.

Il importe aussi de ne pas oublier l'homme piqué de la tarentule de la correspondance, & qui demande l'insertion d'une lettre dont l'objet roule sur le balayage des rues, le mauvais état du macadam, la détestable qualité du pavage, l'insuffisance de l'égout collecteur ou la rudesse des sergents de ville. — Le correspondant de ce genre est un pilier de l'antichambre. C'est souvent un industriel qui n'écrit à propos de n'importe quoi que pour pouvoir donner, — sans bourse délier, — son nom & son adresse..

Maintenant que je vous ai introduit dans le sanctuaire, je vais, si vous le voulez bien, vous présenter les desservants du culte. A tout seigneur tout honneur. Voici d'abord :

Le rédacteur en chef.

Le meilleur de tous est celui qui n'écrit pas.

LE RÉDACTEUR EN CHEF

UN personnage !

Les rédacteurs en chef peuvent être classés en deux catégories :

Ceux qui écrivent beaucoup,

Ceux qui écrivent peu.

Le meilleur de tous est celui qui n'écrit pas.

Tout écrivain a ses faiblesses. La moindre, quand on a l'omnipotence, est de ne pouvoir supporter à côté de soi un écrivain supérieur par le

talent, ou qui tout simplement con-
trebalance, soit la gloire littéraire,
soit l'influence politique de son chef
de file. L'astre veut des satellites.

M. Émile de Girardin n'a jamais
pu faire un long ménage avec une
individualité indépendante ou ori-
ginale. Il a été tour à tour quitté
par Nefftzer, Peyrat, Duvernois &
bien d'autres. Peyrat à *la Presse*
disait : « Je suis dans un garni, » &
le jour où il a pu se mettre dans ses
meubles, il n'a pas hésité ; il s'est
installé à l'*Avenir national*, pendant
que Nefftzer déménageait au *Temps*.

Le caractère du journal, en dépit
de la signature obligatoire, est l'im-
personnalité. Le journal est avant
tout & surtout une œuvre collec-

tive; c'est par de mutuelles conces-
sions que chaque collaborateur peut,
sans troubler l'accord, exécuter sa
partie dans le concert quotidien.

Le rôle du rédacteur en chef est
donc celui du chef d'orchestre. Il
dirige & ne joue d'aucun instru-
ment ; il est le centre d'une chaîne
dont chacun de ses collaborateurs
est un anneau.

Le rédacteur en chef modèle a
été Bertin l'aîné. Il recherchait les
talents naissants, les appelait à lui,
les complétait, & chaque matin il
distribuait la tâche à chacun, exci-
tant celui-ci ou retenant celui-là.
Il menait son journal d'une main
légère, comme ces habiles cochers
qui conduisent en se jouant un

équipage à quatre chevaux. Sous sa direction, j'allais dire sous son règne, le *Journal des Débats* fut le premier journal.

J'ai dit que le rédacteur en chef est un personnage : — il est souvent député, quelquefois sénateur. — Dans ce dernier cas, sa grandeur l'attachant au rivage, il prend un faux nez & fait signer ses manifestes par le secrétaire de la rédaction.

Le rédacteur en chef sénateur se recommande par la majesté de son style. Jamais une plaisanterie ne se glisse sous sa plume d'homme d'État. S'il parle d'un ministre, il dit l'éloquent M. ou l'illustre M., toujours une épithète flatteuse. Il a d'ailleurs tout un trésor d'épithètes.

Nul n'abuse plus que lui de la fameuse formule : « Nous tenons d'une source certaine. »

Nous avons aussi le rédacteur en chef banquier, & le rédacteur en chef entrepreneur de fournitures. Celui-là fait son journal au point de vue d'un emprunt, celui-ci le taille sur le patron dynastique, au point de vue d'une commande gouvernementale. Le journal n'en va pas mieux, mais la fourniture abonde.

Quel qu'il soit, le rédacteur en chef est un mortel fortuné.

Tout le monde l'encense, tout le monde lui fait fête. Il a tous les plaisirs sous la main : loges de spectacle, billets de faveur, invitations. Il est de toutes les *premières* dra-

matiques ou politiques; une solennité où il n'assiste pas n'est point
une solennité.

Il a un petit lever, comme les
souverains de l'ancien régime. C'est
dans son lit, ayant à ses côtés ses
collaborateurs, qu'il délibère sur ce
qu'il dira le soir à l'Europe.

Premier collaborateur. — Si nous
tapions sur la Prusse ?

Le rédacteur en chef. — Tapons
sur la Prusse, mais ménageons l'Allemagne.

Deuxième collaborateur. — J'é-
prouve le besoin de remuer la question d'Orient.

Le rédacteur en chef. — Ce n'est
pas pour vous adresser un reproche,
mais depuis deux mois vous l'avez

assez remuée cette question-là.

Deuxième collaborateur. — On ne la remuera jamais assez. C'est le point noir.

Le rédacteur en chef. — Remuez-la donc, mais soyez doux pour le sultan, il est le plus faible.

Troisième collaborateur. — Voici deux correspondances d'Italie : l'une qui annonce que le ministère italien est ébranlé, l'autre qu'il n'a jamais été plus solide.

Le rédacteur en chef. — Condenser les deux correspondances & ne rien affirmer.

Troisième collaborateur. — Si nous ne condensions pas, & si nous n'insérions ni l'une ni l'autre des deux lettres?

Le rédacteur en chef. — C'est peut-être ce qu'il y a de mieux à faire.

En une demi-heure la séance est expédiée, le sort du monde est réglé. Le rédacteur en chef passera au bureau dans la journée pour constater si l'exécution répond à la convention.

Le traitement du rédacteur en chef varie entre quinze & quarante mille francs. Quelques journaux lui donnent la voiture à deux chevaux par-dessus le marché. Rien ne pose un journal dans l'estime de l'abonné venu au bureau pour faire une ré-clamation, comme un rédacteur en chef qui peut dire à l'un des gar-çons: « Faites avancer ma voiture. »

Après le rédacteur en chef,
l'homme important de la rédaction
est

Le tartinier.

LE TARTINIER

A *Tartine* est cette chose en deux ou trois colonnes qu'on nomme plus communément le *Premier Paris*. C'est le filet de bœuf à la jardinière du journal.

N'est pas qui veut tartinier.

Il faut — non pas tout savoir, mais pouvoir parler de tout à heure fixe, en deux temps trois mouvements.

Le tartinier possède toutes les questions politiques, économiques, sociales, théologiques ; il fait ou défait l'Allemagne, rétablit la Pologne, reconstitue l'Orient, retient ou pousse les peuples, transperce celui-ci, écrase celui-là, & est toujours prêt à expectorer trois cents lignes sans respirer.

Partout où il se trouve, il écrit; il écrit sur le bout d'une table, sur son chapeau, sur son genou, & jamais d'hésitation ; la plume court, vole, sans que le cerveau ait l'air de prendre la moindre part au mouvement mécanique.

Demandez-lui de vous expliquer de vive voix la question qu'il va traiter tout à l'heure, plume en main : il hésitera, balbutiera, restera court; mais s'il a devant lui une demi-rame de papier blanc, d'un trait il la noircira & sans rature. Homme étonnant! toute son intelligence est au bout de ses doigts!

Ce qu'il ne faut pas demander au tartinier, c'est le choix des mots & la propriété des termes. Sa plume, lancée à la diable, va au petit bonheur de l'expression; comme les avocats, il a des métaphores impossibles, les *bases* du *lien* social, par exemple. En somme, le tartinier est un avocat qui écrit.

Il fait un abus considérable de tropes défraîchis : le vaisseau de l'État, le char de l'État, le palladium de nos libertés. Il ne recule pas devant le Capitole voisin de la roche Tarpéienne, & s'il rencontre les

Fourches caudines, il ne se dérangera pas pour les laisser passer. Le tartinier est foncièrement — si avancé qu'il soit dans ses opinions politiques — un conservateur au point de vue des *clichés*.

C'est une race qui se perd.

L'obligation de la signature a contraint les journalistes qui se respectent à une bonne tenue littéraire assez rare autrefois. Aujourd'hui, il faut, si l'on veut durer, faire la toilette à son style & émonder ses articles de toutes les chevilles, je pourrais dire aussi bien les chenilles de la rhétorique. C'est tout au plus s'il reste cinq ou six tartiniers convaincus depuis la loi de la signature obligatoire.

E n'indiquerai qu'en passant le rédacteur chargé de l'*extérieur*, le ministre des affaires étrangères du journal. Celui-là ne sait absolument rien de ce qui se passe à Paris, mais il surveille la Suède, suit le Danemark, a les yeux sur la Prusse & ne perd pas l'Autriche du regard. Il vous parle de la Leitha comme je vous parlerais de la Seine. Il connaît à fond les Tchèques & les Druses ; il s'inquiète du panslavisme & résiste de toutes ses forces à la pangermanisation de l'Europe. Ne lui en demandez pas davantage.

Le bulletinier

E *bulletinier* échappe à l'analyse. Tant vaut le bulletinier, tant vaut le bulletin, cette macédoine d'idées & de faits qui se sert en entrée à la première page. Le bulletin est d'origine récente, l'ancien journalisme ne le connaissait pas. Il est né le lendemain du 2 décembre, alors que toute discussion étant impossible, on était obligé de remplacer un article par un paragraphe & souvent par un mot. Supposez le retour à un régime de libre discussion, & la polémique revenant, enterrera le bulletin qui ne sera pleuré par personne.

Le bulletin politique n'a plus de raison d'être, depuis qu'il fait double emploi avec le bulletin des dépêches télégraphiques.

Le journal politique a encore d'autres spécialistes dont la physionomie n'offrirait qu'un intérêt médiocre.

Que dire du *rédacteur agricole,* de l'écrivain qui suit le tarif des suifs & des cuirs? Que dire de *l'échotier,* cet arrangeur de l'esprit des autres, qui fait un salmigondis des anecdotes, mots, historiettes, coupés dans les plates-bandes du journalisme universel?

Le secrétaire de la rédaction

L E *secrétaire de la rédaction* est né le lendemain de la signature obligatoire. Le jour où la loi sur la signature parut, on trouva moyen de l'éluder en partie en créant le secrétaire.

On le créa de rien, comme Dieu créa le monde. En effet, le secrétaire de la rédaction n'écrit pas, il signe les articles.

Au *Journal des Débats,* M. Guizot se nomme David, & au *Constitutionnel,* M. Rouher s'appelle Boniface.

Il peut arriver que Boniface étant à la campagne apprenne d'un voisin

que son dernier article a ébranlé le
monde politique ou financier, Boniface ne dira pas non.

Il peut encore arriver qu'on demande à Boniface s'il est vrai que c'est
le ministre des affaires étrangères
qui est l'auteur de l'article signé
Boniface, Boniface ne dira pas oui.

En somme, Boniface est une puissance qui s'ignore; il fait la hausse
ou la baisse sans s'en douter.

M. Véron disait, quand il était
rédacteur en chef du *Constitutionnel:* « Si je n'étais Véron, je voudrais être Boniface. » Toujours am-
bitieux le docteur !

Certains journaux ont un polé-
miste — un hercule de plume —
toujours prêt à *tomber* ses con-

frères. Cet athlète a un nom dans le monde littéraire, un vilain nom, l'*engueuleur*.

J'en ai connu un qui avait pris son rôle si fort au sérieux, qu'il avait besoin, comme les alcides de la salle Montesquieu, d'un entraînement. Quand il s'agissait de se livrer à un éreintement, il arpentait la salle, remuait les bras, roulait les yeux, & finalement mettait habit bas & retroussait ses manches.

Gare devant ! C'est dans cette position qu'il écrivait.

Il fallait voir voler les épithètes sur le papier !

Quelqu'un insinuant que le mot fourbe appliqué à un personnage était un peu fort :

« Je n'ai rien à vous refuser, répondit-il, je le biffe. » Il le biffa en effet & le remplaça par le mot goujat.

Au dernier siècle, quelqu'un disait, en parlant d'un adversaire politique : — C'est un misérable. — Comme on lui faisait remarquer que l'épithète était forte, s'appliquant à un homme d'ailleurs considéré, — c'est, répondit-il, une façon de dire que nous ne partageons pas les mêmes opinions.

Le style de l'engueuleur n'est pas académique. Il s'approvisionne à la halle.

Presque tous les journaux ont au moins un rédacteur amateur, un mortel riche qui n'émarge pas. S'il écrit dans un journal ministériel, il vise une préfecture, si dans un journal d'opposition, il vise la députation ou le conseil général. On l'appelle le *mossieu*.

LE FEUILLETON

ASSONS au feuilleton.

Il fut un temps où le rez-de-chaussée avait une plus grande importance que l'étage supérieur. C'était là que logeaient les grands seigneurs de la littérature.

Il est tel journal à qui le feuilleton a donné quarante mille abonnés: c'était l'époque des *Mystères de Paris,* des *Trois Mousquetaires,* de *Monte-Cristo,* de *Vingt ans après*, du *Chevalier d'Harmental*. M. Véron, par la publication du *Juif errant*, porta *le Constitutionnel* de quatre mille à vingt-quatre mille souscripteurs, mais ce fut malgré lui.

Devenu acquéreur du *Constitutionnel*, M. Véron chercha à remonter les rouages de la vieille machine. Il était à la piste d'un succès. A ce moment l'*Histoire du Consulat & de l'Empire* était en préparation & venait d'être acquise par une société de capitalistes. M. Véron eut une idée incroyable. Voyant le succès où il n'était pas, où il ne pouvait être, il résolut d'ensevelir dans *le Constitutionnel*, *le Consulat & l'Empire* de M. Thiers, & il alla trouver

M. Thiers avec qui il était alors dans les meilleurs rapports.

Cette idée grotesque était peu du goût de l'homme d'État. Il se retrancha derrière son traité & renvoya M. Véron à Paulin, représentant des acquéreurs.

Celui-ci, homme de bon conseil, partit d'un éclat de rire, puis il tâcha de démontrer poliment à M. Véron que sa combinaison merveilleuse n'avait pas le sens commun. Il lui fit observer que le livre de M. Thiers n'était pas un de ces ouvrages qu'on peut couper par morceaux, comme la galette du Gymnase. M. Véron insistait nonobstant, si bien que Paulin finit par lui déclarer qu'il était décidé à ne pas laisser débiter l'*Histoire de l'Empire* comme des tranches de saucisson.

M. Véron allait se retirer, lorsque Paulin lui dit : « J'ai votre affaire. »

Eugène Sue venait d'obtenir son succès fameux des *Mystères de Paris*. *La Presse* & *le Journal des Débats* se disputaient la possession d'un nouveau roman qui devait avoir pour titre : *le Juif errant*. « Acquérez-le à tout prix, lui dit Paulin. Cela ne sera peut-être pas très-bon, mais la curiosité du lecteur excitée par les *Mystères de Paris* se portera sur le premier bouquin que Sue publiera, & quand ce serait une platitude, le succès est au bout pour *le Constitutionnel*. »

M. Véron hésita, puis il se laissa conduire par Paulin chez Eugène Sue. Le marché fut conclu au prix de 100,000 fr.

En sortant de chez Sue, M. Véron eut des remords. « Vous m'avez fait engager une grosse somme, dit-il à Paulin. — Vous avez fait une affaire d'or, répondit celui-ci. — Si encore, reprit M. Véron, une partie de l'œuvre était écrite.... — Il ne faudrait pas en commencer la publication, interrompit Paulin. Que pas une ligne ne paraisse avant trois ou quatre mois, eussiez-vous dans les mains toute la copie du *Juif errant*. Annoncez-le, tambourinez-le, affichez-le sur toutes les murailles, dans toute la France, &

vous aurez vingt mille abonnés avant
la publication du premier chapitre...
Après, je ne réponds plus de rien. »

Tout s'exécuta de point en point,
comme cela avait été prédit.

M. Véron, qui était devenu riche
malgré lui en représentant, un peu
contre son gré, l'opéra de *Robert le
Diable*, releva par raccroc la fortune du *Constitutionnel*.

Le piquant de l'histoire n'est pas
là. — Quelques mois après, Paulin
étant chez M. Thiers : « Eh bien!
lui dit celui-ci, voilà le *Constitutionnel* remonté. — Mais, répondit
Paulin, j'y suis bien pour quelque
chose ; n'est-ce pas moi qui ai con-
seillé à Véron d'acheter *le Juif
errant?* — Quoi! s'écria l'homme

d'État, vous aussi, vous pensez que
c'est *le Juif errant*, qui fait le
succès du journal? » Paulin,
homme de goût, n'insista pas.
M. Thiers croyait que les vingt-
quatre mille abonnés avaient été
conquis par sa politique. Paulin ne
voulut pas lui enlever cette illusion.

Ceci me rappelle une historiette.
Un peintre revêtu du costume de
grenadier, — il descendait la garde,
— était allé déjeuner chez un ami.
Après le déjeuner, le peintre sortit
bras dessus bras dessous avec son
amphytrion. Comme il voyait tous
les passants se retourner pour le
regarder : « Ce que c'est que d'être
célèbre, » dit-il à l'autre qui partit
d'un éclat de rire. Ce n'était pas

l'homme qui faisait tourner la tête aux passants, c'était son accoutrement ; dans sa précipitation bachique, il avait mis son bonnet à poil à l'envers, la plaque de son ourson était tournée du côté de son dos. Ainsi l'homme d'État ne se doutait pas que le succès de son journal tenait à ce que ce journal avait mis sa plaque de l'autre côté.

Aujourd'hui le feuilleton n'exerce plus la même influence ; — il n'est souvent qu'un remplissage.

LE LUNDISTE

U N des plus importants personnages du feuilleton est
le *Lundiste*.

On appelle lundiste, l'écrivain
chargé de la critique des théâtres,
son article paraissant le lundi.

Le lundiste est également une
puissance non déchue, mais dimi-
nuée ; il ne répond plus au besoin
des temps.

Pendant l'hiver, quand les *premières* succèdent aux *premières*, il

LE LUNDISTE

Reçoit chaque semaine la visite de Célimène,
de Marton.

arrive trop tard. Par ce temps d'activité dévorante, l'abonné ne doit pas attendre huit jours pour savoir si telle pièce a réussi ou échoué.

Pendant l'été, quand le théâtre chôme, le lundiste est obligé de remplacer le compte rendu des comédies ou des vaudevilles par des hors-d'œuvre.

Il faut avoir tout le talent de Janin, de Gautier, de Saint-Victor & de quelques autres, pour persuader au lecteur qu'une symphonie sur le printemps, une description de l'Inde ou une remarquable page d'histoire a le moindre rapport avec un compte rendu dramatique.

Je demande donc que le lundiste se transforme en mardiste, mercrediste, &c., c'est-à-dire qu'il rende compte de l'œuvre représentée le lendemain de la première représentation.

Quand le lundiste est médiocre... (il en est jusqu'à trois...) — oh ! alors c'est affreux !

Je me rappelle que la veille de la représentation d'un drame romain, *Valéria,* j'avais été par hasard à la Bibliothèque impériale. J'y trouvai mes trois lundistes au milieu d'un triple rempart d'in-octavo, d'in-douze, d'in-dix-huit, remuant des flots de poussière historique & demandant à tous ces livres épars une connaissance qu'ils n'avaient pas & une science qu'ils devaient oublier huit jours après. Je me rencontrai nez à nez avec un de ces feuilletons hebdomadaires.

Quid privata domus, quid fecerit Hippia curas,

murmurait-il.

« O prodige ! m'écriai-je, le feuilleton parle latin.

— Vous voyez, me dit-il en riant, un feuilletoniste sur les dents, je me prépare à la grande solennité dramatique par la résignation & les recherches. Je refais mes études à l'intention de *Valéria,* drame antique & impérial s'il vous plaît. Tout ce que j'ai feuilleté d'historiens, de poëtes, aurait fatigué la patience d'un bénédictin, tout ce que j'ai absorbé de Suétone, de Tacite, de Pétrone, de Perse, de Juvénal, aurait donné une indigestion à

M. Nisard. Par Hercule! je crois que j'avais des dispositions pour mordre à l'étude des langues mortes. Pour prouver au lecteur que le feuilleton — tout feuilleton qu'il est — connaît les détours des palais césariens & les mystères des impériales alcôves, j'ai appelé à mon secours Bossuet, Rollin, Bayle, Gibbon, Mably, Niebuhr, Champagny & Dezobry lui-même. Par Jupiter! *Valéria* n'a qu'à se bien tenir! Le feuilleton est prêt, il est armé de citations & bardé de science. Voulez-vous que je vous dise où était situé le Palatin? Voulez-vous que je vous apprenne comment on portait le *peplum?* Voulez-vous que j'éternue du Suétone, du pur Suétone.. *Olim*

quoties in lectica cum matre vehe-
retur. Ce n'est pas plus difficile
que ça. »

Et de fait la chose s'accomplit
comme l'avait dit le lundiste.

Rien ne manquait au programme :
les citations, les vers latins, les dis-
sertations à perte de vue, la description du costume, des habitudes, des
sensualités de ce monde romain qui,
d'empereur en empereur, devait
finir par tomber en charpie.

Livré à ses propres ressources, le
lundiste ne serait peut-être pas
capable de comprendre le latin des
docteurs de Molière, mais aidé de
la science de la veille, il parlait
avec une gravité magistrale la langue
de Tacite.

Supposez un drame moyen âge à la place du drame romain, & Pâque-Dieu! le lundiste ne restera pas plus à court. L'œuvre représentée sur la scène est le plus souvent un clou auquel le lundiste accroche tant bien que mal son feuilleton.

Si le lundiste a perdu de son prestige sur le public, il continue à exercer une influence considérable sur le monde des auteurs & des acteurs.

Je pourrais citer tel lundiste qui reçoit chaque semaine la visite de Célimène, de Marton, & qui se formaliserait fort si Orgon ou Clitandre restait quinze jours sans venir lui présenter ses hommages.

L'un des plus beaux priviléges du lundiste, c'est l'entrée toute grande ouverte des coulisses; il n'en abuse guère, mais il fréquente assez assidûment le foyer des acteurs de la Comédie française.

Ce foyer est tout simplement un salon, c'est peut-être même le dernier salon.

Pour être un lundiste complet, il ne suffit pas d'avoir du talent, il faut aimer passionnément le théâtre. Ce n'est qu'en l'aimant beaucoup qu'on le comprend & qu'on le fait aimer.

La passion du théâtre, le plaisir qu'il y éprouve est la grande qualité de Sarcey, qui fait le feuilleton dramatique du *Temps*.

LE MARDISTE

PRÈS le lundiste, le mardiste, je veux dire le préposé à la chose musicale.

Le public en général aime la musique, mais je parierais bien qu'il préfère celle du théâtre à celle du feuilleton.

La seule manière de se faire remarquer, pour le mardiste, c'est d'être net & tranchant, de se boucler dans un système comme dans une armure. Il doit prendre

parti pour le présent ou pour
l'avenir, pour Rossini ou pour
Wagner.

Une fois qu'il a fait sa profession
de foi, il peut aller loin.

S'il tient pour Wagner, il déclare
que Rossini est un fabricant de
chansonnettes, & qu'il ne va pas,
comme compositeur sérieux, à la
cheville d'Offenbach.

S'il a adopté l'auteur de *Guil-
laume Tell*, Wagner n'est plus
qu'un râcleur de violon, un bar-
bare, un ostrogoth, un échappé de
Charenton.

La polémique s'engage, le wagnériste répond au rossiniste, le
rossiniste riposte au wagnériste, &
le public, attiré par le bruit, assiste

à la lutte. Toujours le procédé d'Huret & de Fichet.

Si le *mardiste* — pour se faire remarquer — n'a pas recours à ce petit moyen, il ne lui reste qu'à suivre tranquillement son chemin, & à s'écrier devant tous les chanteurs, pianistes, violonistes, harpistes, virtuoses en tous genres : bravo! charmant! parfait! délicieux! le tout entremêlé des mots macaroniques, de *brio*, de *maestria*, de *morbidzza*, de *mortadella*...

Cet emploi de *mardiste* a été créé par Castil-Blaze.

Le boulevard est l'école de la littérature à la mode.

LE JOURNALISME

DU BOULEVARD

AVANT d'aller plus loin, je crois devoir encore m'adresser au bon jeune homme du début, à ce jeune homme piqué de la mouche littéraire & qui attend que j'arrive au journalisme du boulevard.

Le boulevard! jeune homme; ouvrez le premier guide venu, vous y lirez, à propos de ce boulevard, une description clichée qui sert à tous les guides depuis que le boule-

vard existe : un fleuve de robes &
d'habits ; le coup d'œil le plus mer-
veilleux, la promenade féerique,
un monde à part dans le monde.
Les nouvelles y heurtent les bons
mots, les calembours s'accrochent
aux raisonnements ; l'agora des
Grecs, le forum des Latins, la place
publique universelle ; une Babel
horizontale qui toucherait le ciel, si
l'on pouvait transformer sa longueur
en hauteur. Voilà le boulevard.
Mais ce n'est pas celui-là qui vous
attire ; c'est l'autre, le boulevard du
feuilleton, de la petite presse, où
naît le matin le mot du soir, où se
brasse à tour de bras l'esprit des
vingt-quatre heures. Vu de loin,
dans la pénombre départementale,

il apparaît comme le café Procope du XIXᵉ siècle. « C'est là qu'il faut nous rendre. » Mignon égarée sous le ciel gris du Nord regrette les citronniers de la patrie, & vous, jeune athlète frotté d'huile, cédant à la fascination du mirage, vous redites, en songeant au boulevard, le refrain de la nostalgique bohémienne.

Ah! le boulevard! Allez-y donc ou n'y allez pas; mais que Dieu vous préserve d'y rester & d'y avoir le pied marin.

Après trois mois de séjour, vous-même ne vous reconnaîtriez plus. Où est cette belle candeur, fin duvet de l'âme? où cette fière indignation? où cette admiration débordante? Qu'avez-vous fait de ces plantes délicates apportées du beau jardin de l'étude solitaire? Hélas! elles ont été flétries, séchées, dispersées à tous les horizons par le vent qui souffle sous ces latitudes dévorantes.

Il y a là un simoun qui brise, broie, écrase, & fait de tout arbre vert du bois mort; ce simoun c'est l'ironie, la moquerie, le dédain des idées, des hommes & des choses, dans le français du boulevard, *la blague.*

Nul n'y échappe. Au collége, les anciens *briment* les nouveaux. Ceux-ci souffrent, mais l'année suivante ils brimeront à leur tour ; il en est de même à l'école du boulevard : qui a été brimé brimera;

aujourd'hui blagué, demain bla-
gueur.

La grande maladie de la France,
c'est la peur du ridicule. Prêter le
flanc à la causticité du voisin, quoi
de plus redoutable? A tout prix il
faut échapper aux atteintes du fléau.
On subit tel costume, on endosse
tel paradoxe. Sur ce point, le journaliste boulevardier est deux fois
français.

Se montrer tel qu'on est, avec
ses croyances, ses admirations, ses
colères, ses passions... nous prenez-
vous pour M. Prudhomme? Et
là-dessus le brave garçon de la
veille adopte une pose, se colle un
masque sur le visage, le masque
gouailleur, & il n'est plus ridicule,

il ressemble à tous les autres.

Dans toute cette foule ironique, je ne vois pas un homme, mais des personnages qui arpentent la scène en récitant un rôle, & c'est toujours le même rôle.

On pourrait être soi, aisément, sans efforts ; on se contorsionne pour être tout le monde.

Le boulevard est donc l'école de la littérature à la mode du moment. C'est de là qu'on s'envole sur de petites cimes. On y fait le matin des mots, qui le soir seront allongés en articles. Quand les littératures sont à bout d'idées, elles font des mots, comme on fait de la photographie quand on a échoué dans la peinture.

Le mot est le grand seigneur d'aujourd'hui; on le fête, on le promène de salon en salon, & je vous citerais tel journal où, quand il se présente en fraîche toilette, on le reçoit, ce mot, avec tous les honneurs dus à l'idée.

Ne cherchez pas autre chose dans ce jardin d'Académus, où les fruits sont chauffés à blanc par je ne sais quel soleil électrique. Le boulevard c'est l'improvisation, le laisser-aller, midi à quatorze heures, les paradoxes déboutonnés, toutes les beautés du diable, sans compter le torticolis.

Au bout de dix jours de noviciat, vous sauriez peut-être aiguiser une phrase, manipuler un mot & trousser un article, mais bientôt il ne vous resterait rien du trésor de votre jeunesse : la foi, l'enthousiasme, l'amour, la vertu.

Je viens d'écrire le mot vertu, je ne le biffe pas. Je disais tout à l'heure qu'il faut savoir braver le ridicule.

On a reproché avec raison au romantisme d'avoir fait trop bon marché de l'idée au profit de la forme, d'avoir été l'école de l'arabesque, de l'ogive, du trèfle, de la fioriture. La comparaison de la rose qui est belle & n'est pas utile, du lis qui brille & ne file pas, est encore présente à toutes les mémoires. Mais comparaison n'est pas raison, & les défaillances de la plupart des maîtres & des disciples ont démontré une fois de plus que l'adoption d'un principe, — même en littérature, — doit, selon ce qu'il est, fortifier ou abâtardir les caractères.

Que serait-ce aujourd'hui, où les artistes ont fait place aux aligneurs de phrases, aux pêcheurs à la ligne !

L'empire est aux phraseurs, à ceux qui parlent d'eux, se congratulent, se vantent & font leur toilette en public.

Arrivons au petit journal.

LE PETIT JOURNAL

L E petit journal a pris une grande importance dans ces dernières années.

La grande presse bridée, piétinant sur place avec le bâillon de l'administration dans la bouche, ne pouvant plus soulever que la poussière des idées, il était écrit qu'il s'établirait à côté une presse disposée à fourrager à travers les vices, les ridicules, les anecdotes, les chroniques, les théâtres, les coulisses, les boudoirs, les alcôves, les cuisines, à travers tout ce qui ne porte pas ombrage au pouvoir.

Le public déshabitué de la discussion, indifférent aux questions qui le passionnaient jadis, à la piste des entreprises d'affaires & des affaires d'entreprise, lancé dans la voie du jeu & des plaisirs, trouva le complément de cette vie aimable dans l'apparition du petit journal.

On vit alors se produire ce phénomène étrange, antisocial : la vie publique fut murée, la vie privée toute grande ouverte.

La chronique régna & le chroniqueur fut roi.

LE CHRONIQUEUR

IL faut s'entendre sur ce mot chroniqueur, prodigué sans discernement. Je n'appelle pas chronique un article placé en tête d'un petit journal, & qui s'attaque aux mœurs, aux ridicules, aux abus, aux vices du temps. La chronique est essentiellement bavarde, fureteuse, indiscrète, légère jusqu'à la puérilité; Rochefort n'est pas un chroniqueur.

Le chroniqueur, c'est cet honnête garçon qui touche à tout, qui parle de tout, du dîner, du bal, de l'écurie, de l'alcôve, qui pourchasse l'anecdote, couche en joue le calembour, raconte le dernier duel, & annonce le prochain quartier de la lune.

Raconter, c'est sa mission, son apostolat, il raconte. Un substantif a été créé tout nouvellement : on dit les *racontars*.

On aurait pu croire au premier moment que tous ces voiles soulevés ou arrachés exciteraient quelques émotions, — pas du tout.

Rien ne parut plus simple que cette vie privée mise en plein jour. Les femmes du monde elles-mêmes voulurent se coucher de tout leur long dans le journal.

Le chroniqueur fut appelé, convié, il fut des bals & des galas.

Mme X. était en Circassienne, Mme Z. en bacchante, Mme B. représentait l'Asie, & faisait admirer la grâce majestueuse de son torse.

Cette autre était citée pour la rondeur de ses mollets, celle-ci pour la beauté de son sein. Chacune avait sa part & les maris étaient fiers !

Nous sommes pour le quart d'heure une nation gaillarde. Nous aimons le décolleté. Les phrases les plus remarquées sur le mail sont celles qui, comme les femmes, montrent leurs jambes jusqu'à la jarretière.

Qu'une pensée court vêtue trot-
tine à travers une chronique, &
cent adorateurs la suivront. On en
parlera le soir au théâtre, &, au
souper, on la citera. Le tout est de
savoir l'arranger cette phrase, de
savoir l'orner, l'attifer, en ayant
soin de laisser voir un petit coin
d'épaule par-ci & un petit bout
de mollet par-là. Ni trop ni trop
peu. Il y a des experts, sortes de
modistes littéraires qui vous désha-
billent très-proprement une pensée
en ayant l'air de la vêtir, & tout le
talent est là.

Ce genre de littérature cadre
avec nos mœurs. On rencontre non-
seulement dans la rue, aux premières loges des théâtres, dans les

allées du bois de Boulogne, mais encore dans le livre, dans le journal,
sur la scène & dans les vitrines des
étalagistes, toutes les héroïnes- à
l'heure ou à la course dont les'faits
& gestes défrayent les conversations
& créent une littérature.

Il ne faudrait pas croire que cela
ne durera qu'un temps. Cela est &
cela sera. Aujourd'hui que le demi-
monde est fondé, qu'il a ses mœurs,
ses institutions, il faut bien qu'il
ait sa littérature, ses romanciers, ses
écrivains, ses vaudevillistes & même
ses poëtes.

Autrefois les courtisanes bril-
laient un jour & disparaissaient
le lendemain. Celles d'aujourd'hui
n'ont point eu pour amants des

grands seigneurs qui, se ruinant pour elles, leur apprenaient en même temps à se ruiner, mais des hommes d'affaires qui leur ont enseigné les affaires.

Le vice s'est rangé, il est économe & spéculateur. Le vice a quarante mille francs de rente & pignon sur rue, il lui faut une nourriture intellectuelle qui convienne à son tempérament.

Le réalisme a eu du bonheur d'arriver si à propos, son lit était fait.

Le chroniqueur a engendré une foule de chroniquailleurs.

LE CHRONIQUANT

Vous êtes un personnage.
— Un matin, un petit
monsieur se présente chez
vous & vous demande la permission
de visiter votre cabinet de travail,
vos tableaux, vos gravures ; il cause
avec vous, vous fait parler, & sans
que vous vous en aperceviez, il prend
des notes. En vous quittant il portera, avec la description de votre
salon & de votre chambre à coucher, votre conversation au journal.

Il fait mieux, il trace votre por-
trait physique, apprend aux abonnés
que vous avez le nez rouge & que
vous vous coiffez d'un foulard
jaune.

Tant pis pour vous si vous avez
un toupet, il le dira.

Je me rappelle la colère de Ga-
varni contre le chroniquant qu'il
avait eu l'imprudence de recevoir &
qui avait profité de l'occasion pour
constater en plein journal que le
grand artiste avait les dents dé-
chaussées & affreusement noires.

C'est ce même chroniquailleur
qui alla un matin chez un écrivain
malade, & qui partit de là pour
raconter toute la vie de cet écrivain, ses folies, son procès avec sa

femme, ses parties fines avec les
femmes des autres. Le malheureux
mis au pilori ne s'en consola pas.
Il mourut quinze jours après avec
le regret d'avoir accueilli chez lui
l'impitoyable faiseur *de copie.*

Ce chroniquant n'est pas toujours heureux dans ses excursions
matinales.

Un académicien me racontait
l'anecdote suivante:

Un beau jour, je reçois la visite
d'un monsieur.

« Monsieur X?

— C'est moi.

— Je voudrais, monsieur, vous
demander la permission de me *pen-*
cher dans votre intérieur... »

Tout de suite, j'avais flairé

l'homme, & je savais ce qu'il venait chercher.

Je l'interrompis.

« Mon intérieur est à moi, lui dis-je, & à mes amis. Comme je n'ai pas l'honneur de vous connaître...

— Cependant, monsieur...»

Je sonnai. « Reconduisez monsieur, » dis-je au domestique.

A là bonne heure ! Voilà un homme, cet académicien.

Nous avons aussi le *reporter*, un écrivailleur presque officiel, —Dangeau in-32, chargé d'enregistrer les faits & gestes de la cour. Les bals, les galas, les grands couverts, les voyages princiers, tout cela est son domaine.

La charge de *reporter* est toute

nouvelle. A la cour, où tout a un rang, il vient immédiatement après les officiers... de bouche.

La plus grande latitude est laissée à ce chroniquant qui, malgré la majesté du sujet, rejette le style noble & prend le ton familier.

L'anecdote, le mot, l'incident, qui peuvent mettre en relief sa petite personne, sont les ingrédients de ses comptes rendus, où le principal est noyé dans l'accessoire.

S'agit-il d'une revue impériale? Le chroniquant annonce qu'il a perdu son chapeau dans la bagarre & qu'il a été obligé de prendre pour couvre-chef le casque d'un cuirassier.

Mais où il brille c'est dans les voyages de la cour.

Tantôt on l'a oublié dans les ba-
gages; tantôt le train est parti sans
lui; le plus souvent il a manqué de
chambre & a été obligé de se coucher en rond dans un cabriolet. Un
enthousiasme chauffé à cent vingt
degrés, mais tempéré par des *racontars.*

Ce gaillard-là est un type.

Il y a encore une autre espèce de
chroniquant, — celui qui *fait dans
la fausse nouvelle.*

Un événement s'est passé à deux
mille lieues, on n'a pas encore de
détails, on ne peut en avoir que
dans quinze jours. Vite le chroniquant arrive avec un récit complet.

L'empereur Maximilien a été
fusillé à neuf heures du matin, il

a reçu quatorze balles, deux au cœur, trois à la tête, le reste dans le ventre.

Avant de mourir, il a embrassé celui-ci, encouragé celui-là, il a prononcé telles paroles.

Le tout est présenté de la plus sérieuse façon du monde; mais huit jours après, le chroniquant vient dire que la chose est absolument fausse & que son récit est une simple plaisanterie.

On fait mieux.

On lance une tunique photographiée avec les déchirures & les trous des balles, on annonce la chose, on la vend au public qui s'attendrit. Encore une jovialité.

N'oublions pas non plus le chro-

niquant gastronomique, — l'homme
aux menus. — Les asperges valent
huit francs ! — dissertation sur la
meilleure manière d'accommoder
une mayonnaise ; — réclame en faveur des vins de Bordeaux ; — men-
tion honorable de tel restaurateur
pour ses buissons d'écrevisses.

Ce chroniquant est en baisse.

Je ne dis rien de la chroniqueuse
de modes. Elle n'a pas varié depuis
cinquante ans. C'est toujours la
comtesse de... qui écrit à la duchesse
de... pour lui donner l'adresse des
corsets de Mlle de Vertus.

Mais je ne laisserai pas dans
l'ombre le chroniquant quotidien,
— l'homme fort qui soulève chaque matin à bras tendus un sujet

quelconque : prix de vertu, cuir de Russie, marché aux veaux, promenade du Prince Impérial, lutte d'alcides, fête de saint Cloud, le salon, l'échoppe, l'armée, l'église. les bonnes d'enfant, ceci, cela, les troubadours, l'empereur d'Autriche & beaucoup d'autres choses encore, sans compter la relation de la fête du calendrier. Aimez-vous la choucroûte ? Il va vous dire comment on accommode une bouillabaisse. Un travail herculéen; mais non sans collaborateurs : le *Dictionnaire Bouillet,* le *Dictionnaire des contemporains,* le *Bon Jardinier,* le *Parfait Menuisier,* l'*Histoire de France* & les différents bouquins qui servent à l'instruction de la jeunesse.

Un amour insensé pour les cravates rouges
& les chaînes d'or.

Après tout, ce gaillard-là n'est pas le premier venu, il a écrit autant que Voltaire, & il n'aura peut-être pas de statue. Un amour insensé pour les cravates rouges & les chaînes d'or.

Parmi les chroniquants, il m'est également impossible de passer sous silence l'aphrodisiaque de la bonne compagnie.

Des petits tableaux risqués, un pied qui fait deviner le reste, — un pantalon féminin qui n'entre pas, & qui amène la comparaison ida-lienne du gant dont le pouce est trop étroit. La scène se passe tou-jours entre maris & femmes. C'est libertin, mais moral.

Le jour où le chroniquant en

question voudra faire fortune, rien
ne lui sera plus facile, il n'aura
qu'à fonder un nouveau journal
dont le besoin se fait généralement
sentir : la *Cantharide conjugale.*

Le rédacteur du bulletin financier
n'est pas celui qui fait le plus de ta-
page. Relégué dans le compte rendu
des valeurs, historien des variations
de la hausse & de la baisse, passant
du Mobilier au Foncier, des obliga-
tions du Nord aux actions du Midi,
il est l'écho de la coulisse, les com-
pagnies comptent avec lui & lui font
une part dans toutes les affaires.

De tous les journalistes, c'est le
seul qui ait quelque chance d'être
un jour millionnaire.

En somme, le petit journal est

une grande chronique coupée par des rubriques différentes ; il chronique sur tout, sur le théâtre, le salon, la littérature, les modes, la bourse, & même sur la politique.

Le procédé de l'écrivain du petit journal est des plus simples : grandir les petites choses & rapetisser les grandes.

On consacre quatre lignes & un bon mot à l'éventualité possible d'une guerre entre la France & la Prusse, & l'on accorde deux colonnes au récit de la dernière équipée de Mlle Radissec.

Ceci ne prouve pas contre le petit journal, mais contre le public qui démontre par là que Mlle Radissec l'intéresse plus que les affaires de la nation.

Le petit journal n'est point un moteur, il est une résultante; il n'a pas la prétention de diriger le public, il le suit.

LE CORRESPONDANT

JE n'ai rien dit des corres-
pondants des journaux
étrangers.

Le correspondant a les jambes
d'un centaure & l'estomac d'un la-
pithe.

Il court du matin au soir & di-
gère toutes les nouvelles.

Ubiquiste comme un cocher de
fiacre, on le rencontre dans les
ministères, dans les bureaux de
journaux, dans les chancelleries,
griffonnant sur son carnet & fai-
sant sa provision.

Entre cinq & six heures du soir, il tire de son sac les trouvailles de la journée & en fait une bourriche qu'il expédie par la poste.

Le correspondant ne se pique pas d'envoyer des nouvelles dont l'authenticité ne saurait être mise en doute; il enregistre tout ce qu'il apprend, tout ce qu'il voit, tout ce qu'il entend.

Il est la sentinelle perdue du journalisme.

Dans les jours de disette, il se rejette sur les modifications du ministère.

On annonce que X. va abandonner le portefeuille des affaires étrangères & qu'il sera remplacé par Z.

Quelquefois il explique pourquoi Z. remplacera X.

Cette nouvelle jetée dans la circulation lui fournira quelques lignes pour le lendemain & les jours suivants. Il a du pain sur la planche.

« Je vous avais annoncé que X. allait cesser d'être ministre des affaires étrangères & qu'il serait envoyé en qualité d'ambassadeur à Constantinople. J'apprends aujourd'hui de *source certaine* que cette nouvelle est complétement inexacte. X. est trop nécessaire au département qu'il dirige, pour que l'État se prive de son concours. »

Trois jours après :

« Les bruits de la retraite de X. persistent. On disait aujourd'hui, dans la salle des conférences, que X. avait lui-même désigné son successeur, qui ne serait pas Z., mais Y. »

Le lendemain.

« Y. reste au conseil d'État, & X. est plus solide que jamais. »

Le surlendemain.

« X. va décidément à Constantinople. On dit que sa retraite est devenue indispensable par suite d'une altercation assez vive qui aurait eu lieu entre ce haut fonctionnaire & le ministre de la guerre. »

Deux jours après.

« X. a chassé hier avec l'Empereur. Ainsi tombent les bruits de sa retraite qu'en fidèle correspondant je vous ai signalés, mais auxquels je n'ai jamais cru. »

Je le crois bien ; c'est lui qui les avait inventés.

Le public ne saura jamais à quels excès peut se porter un correspondant qui manque de nouvelles une heure avant le départ du courrier.

Si le correspondant invente des nouvelles pour son compte, il en expédie aussi de fausses pour le compte d'autrui.

Un ministre lui dit : « Il faudrait annoncer telle chose, » — & il annonce.

Supposons que la situation soit tendue comme on dit : on priera le correspondant d'annoncer qu'elle n'a jamais été plus détendue ; qu'on prépare la guerre avec la Perse, on le priera de dire que jamais les rapports n'ont été meilleurs entre la Perse & la France. Cela n'empêchera pas le correspondant de s'écrier, aussitôt que la guerre éclatera : « Je vous l'avais bien dit. »

Le correspondant est un journaliste mâtiné de chroniqueur.

Il rend des services.

Supposez que A. vise la croix d'honneur & B. un consulat.

B. & A. vont trouver le correspondant, & le prient de glisser dans sa lettre expédiée à l'*Étoile polaire* une petite réclame en leur faveur.

« On assure que A. est inscrit en tête de la liste des récompenses du 15 août. Le public trouvera que cette distinction s'est fait un peu attendre, mais, on sait le proverbe : mieux vaut tard.....

On parle de B. comme devant être appelé prochainement à un poste de consul général. Ce serait une acquisition excellente. »

Voilà A. & B. lancés. Personne ne songeait à décorer l'un ni à nommer consul l'autre ; à partir de ce moment, ils sont sur les rangs.

Une des erreurs les plus répandues dans le public, c'est de croire que le journal peut être quelquefois pris au dépourvu par suite du manque de *copie*.

Ce n'est jamais la copie qui manque, le journal en a toujours trop.

S'il souffre ce n'est pas d'inanition, mais d'une trop grosse nourriture.

On pourrait faire dix numéros de journal avec les articles composés & qui ne paraissent jamais.

Certains écrivains n'ont jamais franchi les limbes du *marbre*.

On dit d'un article composé & qui n'est pas encore publié qu'il est sur le *marbre*.

Ce marbre est représenté par une grande table en pierre où sont rangées les choses composées.

Souvent le rédacteur en chef envoie à la composition sans lire, & ce n'est que sur l'épreuve qu'il accepte ou refuse.

Le marbre n'est jamais vide....... au contraire.

COMMENT

ON EST UN GRAND JOURNAL

E qui manque aux jour-
naux français, — entre
autres choses, — c'est
l'information.

Voyez le *Times*, cette colossale
machine de publicité; il a des cor-
respondants sérieux dans toutes les
capitales de l'Europe, d'Amérique,
des Indes, & une dizaine d'écrivains spéciaux. Là le *Tartinier*
est inconnu.

Chaque rédacteur traite une question spéciale. On m'a cité un publiciste qui s'était particulièrement adonné à l'étude des égouts. Le *Times* se l'était attaché, moyennant une rétribution de trois mille livres par an. (75,000 fr.).

Pendant deux ans, le publiciste parcourut l'Europe aux frais du journal & étudia sur le continent tous les systèmes se rattachant à la question. Dans le cours de ces deux années, il n'écrivit pas une ligne, pas un mot, il se contenta d'observer, de comparer; puis un jour, un projet de loi sur la voirie & la salubrité publique étant soumis à la délibération des chambres, il se hâta de revenir à son poste, & traita dans une vingtaine d'articles la question avec tant de supériorité, qu'il dirigea, en quelque sorte, la discussion des communes.

Le nom du publiciste resta inconnu, mais le *Times* eut la gloire de doter son pays de toutes les améliorations que son collaborateur lui avait rapportées de l'étranger.

C'est à cette condition qu'on est un grand journal. Le journal anglais a encore un immense avantage sur le journal français, il est libre & non toléré. Il est libre, & de là peut-être le ton toujours modéré de cette presse anglaise qui, dans sa plus vive opposition, ne dépasse jamais de certaines limites.

C'est par l'exercice de la liberté qu'on apprend à user de la liberté.

POSTFACE

E T maintenant, ô jeune homme! un dernier mot, un mot sérieux.

Avant de vous lancer éperdument dans la carrière, n'oubliez pas que l'esprit passe vite. S'il est au monde quelque chose de variable, d'insaisissable, de fugitif, c'est l'esprit. Il se renouvelle, comme les modes, à chaque changement de saison.

La littérature a son Longchamps

aussi bien que les élégants & les tailleurs.

Hier le style portait un habit de soie, un gilet brodé & des manchettes en dentelles; ce matin, il a une cravate noire & un habit de cheval.

Cet écrivain que vous voyez passer sur sa phrase prétentieuse, vieille haquenée qui a déjà fait cent fois le tour de l'hippodrome, est un beau d'avant-hier & une aile-de-pigeon d'aujourd'hui.

Cet autre qui s'acharne à aiguiser une épigramme émoussée & qui a fait une reprise à ce vieux costume qu'il portait si gaillardement l'année dernière, aile-de-pigeon.

Il en est des écrivains comme des

femmes qui n'ont jamais que vingt-neuf ans.

Le temps a beau, de son aile impitoyable, fustiger leur jeunesse & leur beauté; elles empruntent de la jeunesse au parfumeur & des attraits à la couturière.

Combien n'en voyons-nous pas aussi se promener sur le mail, de ces ci-devant jeunes hommes avec leur esprit cosmétiqué, leurs périodes vermillonnées & leur style en queue de morue !

Ils ont eu leur quart d'heure d'élégance & d'éclat, il a été question d'eux pendant toute une matinée, & ils ne sont pas contents, les ingrats !

De toutes les professions dites

libérales, il n'en est pas une, une seule, entendez-vous ? qui soit plus rude, plus décevante que la profession littéraire ! Sur mille qui combattent, la plume à la main, un seul arrive, je ne dis pas à la gloire, mais à la réputation, ce fantôme de la gloire.

Les autres effeuilleront en pure perte les fleurs de leur esprit ; ils suivront, mornes & résignés, le cortége de tous les triomphateurs, & ils disparaîtront un jour sans qu'on s'inquiète de leur absence, sans qu'un ami inconnu se souvienne de leurs premiers vers ou de leur dernier article.

Et pourtant que de forces éparpillées ! que de travaux accomplis par ces obscurs soldats de l'intelligence!

Dans les quinze ou vingt ans consacrés au métier, que de souffrances endurées! Condamnés au labeur improvisé, ils auront dépensé, en menue monnaie, leur part du trésor intellectuel.

Tristes jusqu'à la mort, ils auront été contraints de mettre des paillettes à leur style, des rubans roses à leur plume, pour se présenter devant leur souverain maître, le public, dans la mise la plus coquette de leur talent.

Ils auront ressenti, à de certains moments, · les souffrances de ces pauvres comédiennes dont l'enfant est mort le matin & qui, le soir, sèchent leurs larmes, mettent du rouge sur leur pâleur, & viennent, le sourire aux lèvres, la poitrine brisée, faire rire quinze cents spectateurs.

Ah! ne croyez pas ces spirituels commis voyageurs & ces non moins spirituels vaudevillistes, quand ils font passer sous vos yeux cette vie littéraire de convention, pleine de bruit, pleine d'éclat, pleine d'actrices, de soupers & de fêtes.

Tout écrivain sérieux travaille au moins huit heures par jour, & je ne compte pour rien cet autre travail qui consiste à se tenir au courant de tout ce qui se fait, de tout ce qui se publie, à savoir quel est l'esprit de ce matin, à deviner quelle sera la mode de ce soir.

Et quand il sortira pour prendre l'air, pour se promener comme tout le monde, il galopera encore sur l'hippogriphe imaginaire, car la passion des lettres, si malheureuse qu'elle soit, est une maladie, une folie, si l'on veut, qui ne laisse ni repos ni trêve.

Si vous me demandez, après cela, pourquoi ces indociles esprits aiment mieux rouler cet éternel rocher du vieux Sisyphe que s'asseoir tranquillement dans un comptoir ou dans les bureaux d'un ministère, je vous répondrai que c'est probablement parce qu'ils feraient des employés détestables & des commerçants impossibles.

Ils ont endossé la tunique dévorante du Centaure, ils ne l'arracheront qu'avec leur chair. Ils ne peuvent être que ce qu'ils sont. C'est leur malheur & c'est aussi leur gloire.

FIN.

TABLE

Paris. — J. Claye, imprimeur, rue Saint-Benoît, 7.

www.ingramcontent.com/pod-product-compliance
Lightning Source LLC
Chambersburg PA
CBHW051740090426
42738CB00010B/2343